MINI CURIOSOS DESCOBREM

O Saara

Clarice Uba

Ilustrações:
Lorota

ÍNDICE

LUME livros

O Saara

Talvez você já tenha ouvido falar do deserto do Saara ou talvez até tenha visto fotos de camelos caminhando por lá. Este é o maior deserto quente do mundo, ele ocupa um terço de todo o continente africano e é maior que a Amazônia todinha.

Outras coisas também colaboram para noites tão mais frias. A areia e o chão clarinho do deserto refletem o sol e não absorvem o calor. Além disso, a falta de água no Saara significa menos plantas, que são muito importantes para manter a umidade do ar.

No calorzão do Saara, pode fazer 50° C ou mais em algumas épocas do ano. Mas quando escurece, a temperatura cai muito e, em algumas noites, pode ficar abaixo de zero no deserto. Essa variação de temperatura acontece pela falta de umidade. É tão seco no Saara que na maior parte do ano não tem uma única nuvem no céu. A umidade do ar funciona como um "cobertor" que segura parte do calor perto do chão e, sem ela, todo o calor do sol que bate na areia durante o dia vai embora quando o sol se põe.

Como o Saara é enorme, ele tem muitas paisagens diferentes. Tem as **dunas**, aqueles montes gigantes de areia que a gente vê em filmes e fotos e que parecem formar um mar. Elas podem ter vários formatos e algumas delas chegam a mais de 180 metros de altura, mais altas do que um prédio de 50 andares. Mas o deserto é muito mais do que areia. Na verdade, a maior parte do Saara é feita de planícies e vales muito secos, além de montanhas e **salares**, onde o chão é coberto de sal.

"Desertos" são lugares onde chove pouco ou quase nada. Isso significa que também existem desertos frios como a Antártica, que é coberta de gelo. Lá faz frio pra chuchu, mas, como não chove, também é deserto.

Cada uma dessas regiões se comporta um pouquinho diferente das outras e tem plantas e animais adaptados a viver quase que só nela. Por exemplo, nas bordas do deserto chove um pouco mais, e aí mais plantas conseguem sobreviver. Em alguns vales, as chuvas criam rios e lagos todos os anos, e, enquanto eles duram, um monte de plantas florescem e até peixes aparecem nas águas.

Nas áreas com muito sal, também crescem plantas especiais que aprenderam a viver salgadinhas. Até em lugares onde não se vê água nenhuma, plantas de raízes muito fundas conseguem atingir água escondida lá embaixo, bem longe da superfície. As plantas do deserto são campeãs de adaptação, e onde tem planta vai ter algum bicho também.

Pode não parecer, mas o Saara é casa para mamíferos, aves, répteis e muitos, muitos insetos. A maioria deles só sai à noite, quando a temperatura cai, e todos são muito bem adaptados a viver com pouca ou nenhuma água.

Muitos animais que não vivem no Saara cruzam o deserto de tempos em tempos. Aves e até borboletas fazem essa viagem perigosa quando migram da Europa para a África.

No meio de toda essa secura também há ilhas cheias de verde, os oásis. Oásis são pontos de água que chegam até a superfície e, em volta deles, cresce um monte de plantas e vive um monte de animais. Eles podem aparecer em qualquer paisagem do deserto e ser pequenininhos ou enormes.

Algumas plantas também se adaptaram a fazer seu ciclo de vida depois de qualquer pouquinho de água, deixando para trás sementes que podem passar anos até germinar com a próxima chuva. Existe um jardim adormecido no Saara, esperando um pouco de água para florescer.

A água que cria os oásis vem de um dos maiores segredos do Saara: embaixo dele existem enormes lagos com milhares de anos de idade, chamados **aquíferos subterrâneos**. O Saara não é o único lugar onde eles existem, mas ele tem alguns dos maiores do mundo. É essa água que alimenta os oásis, as plantas de raízes profundas e os poços das pessoas da região.

Toda essa água existe porque o Saara não foi nem sempre será um deserto!

Há uns 6 mil anos, a região era verde e cheia de lagos enormes. Animais como girafas, elefantes e leões viviam lá. E pessoas também! Nós achamos desenhos de muitos milhares de anos atrás em cavernas no deserto mostrando esse outro Saara.

A cada 12 mil anos mais ou menos, a inclinação da terra muda um pouquinho, e isso faz com chova ou pare de chover na região onde hoje é o Saara. Agora, nós estamos bem no meio de um período seco, mas em algum momento o Saara será verde novamente.

Mais longe ainda no tempo, parte do Saara foi mar. E, por isso, hoje em dia achamos fósseis de criaturas marinhas gigantes nas areias do deserto.

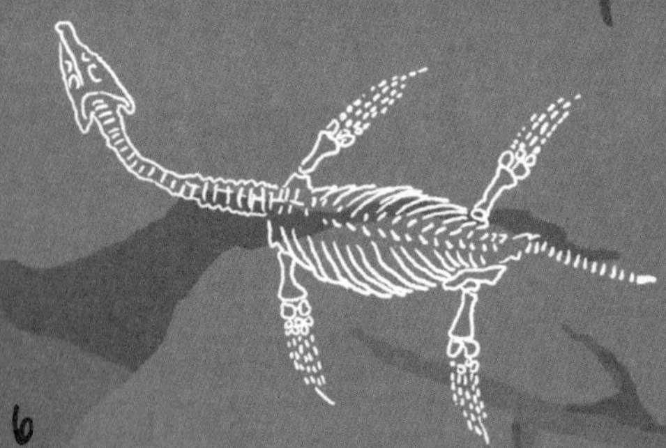

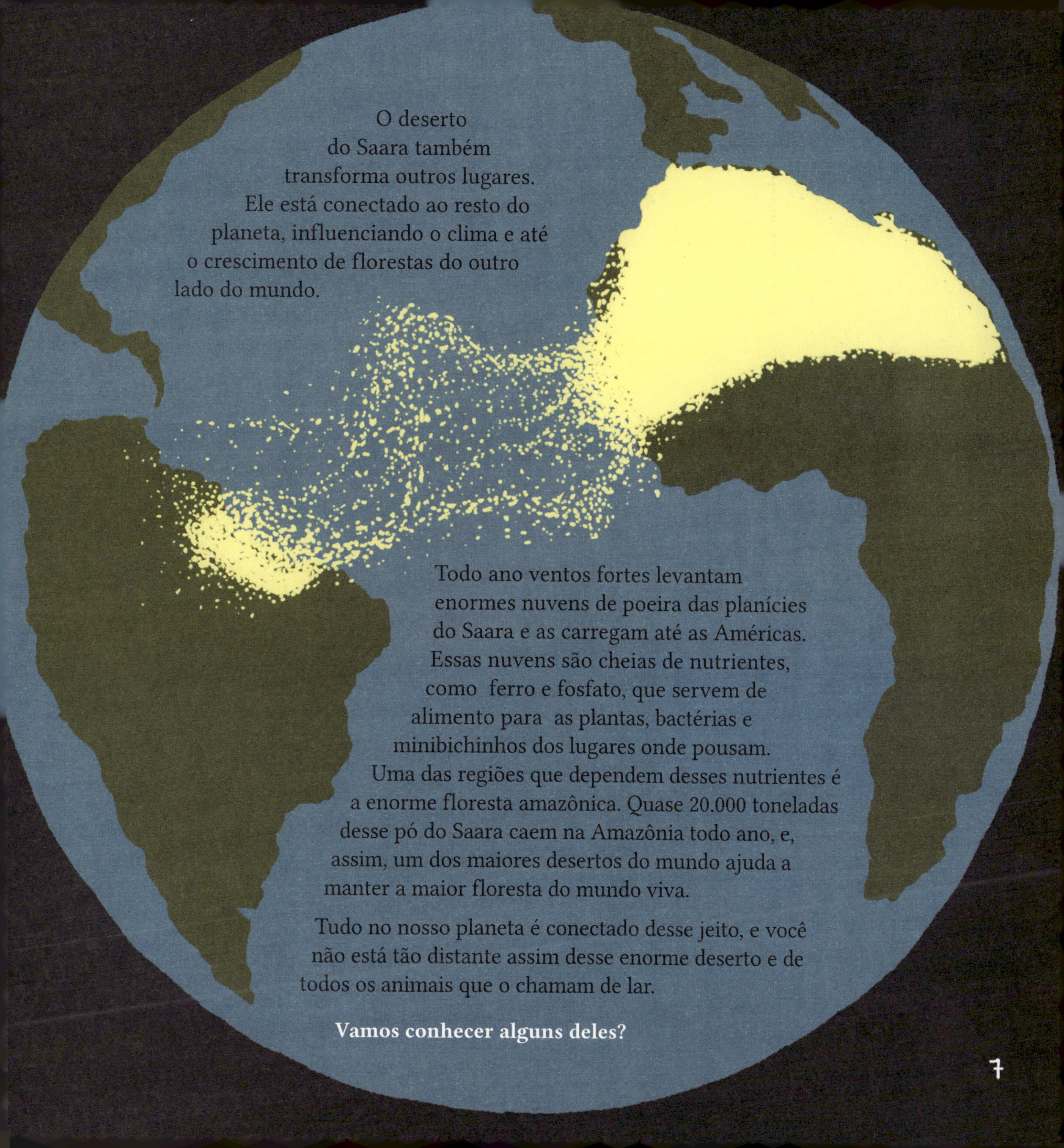

O deserto do Saara também transforma outros lugares. Ele está conectado ao resto do planeta, influenciando o clima e até o crescimento de florestas do outro lado do mundo.

Todo ano ventos fortes levantam enormes nuvens de poeira das planícies do Saara e as carregam até as Américas. Essas nuvens são cheias de nutrientes, como ferro e fosfato, que servem de alimento para as plantas, bactérias e minibichinhos dos lugares onde pousam. Uma das regiões que dependem desses nutrientes é a enorme floresta amazônica. Quase 20.000 toneladas desse pó do Saara caem na Amazônia todo ano, e, assim, um dos maiores desertos do mundo ajuda a manter a maior floresta do mundo viva.

Tudo no nosso planeta é conectado desse jeito, e você não está tão distante assim desse enorme deserto e de todos os animais que o chamam de lar.

Vamos conhecer alguns deles?

Dromedário

Você com certeza já ouviu falar em camelos e reconheceria esses bichos e suas duas corcundas de longe. No Saara, vive um parente do camelo, o dromedário. Esse bicho com nome esquisito é um campeão de vida no Saara. Tão importante é para as pessoas da região que é chamado de navio do deserto.

O corpo do dromedário é todinho preparado para morar no deserto: ele consegue comer plantas duras e espinhosas porque os seus lábios são muito grossos. Seus pés têm o formato de almofadas, que protegem do calor do chão e permitem que o dromedário ande na areia quente.

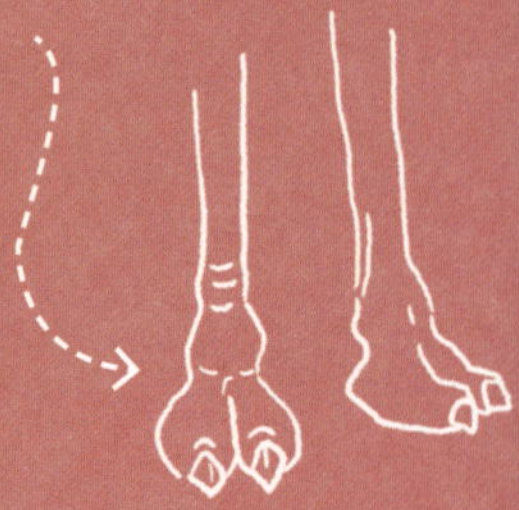

Ele também tem cílios enormes para proteger os olhos. Além de conseguir fechar as narinas para não deixar nada entrar no nariz durante uma tempestade de areia.

A corcova que fica nas costas do dromedário funciona como uma mochila que guarda gordura. Quando não encontra muita comida, ele consegue se manter vivo por causa dessa gordura. Se o dromedário ficar muito tempo sem comer, coitado, a corcova diminui e até fica meio caída para o lado...

Dromedários só comem plantas, mas isso não quer dizer que eles comem sempre a mesma coisa. No Saara existem mais de 300 espécies de plantas que eles gostam. E, assim como você, eles também têm um prato favorito do cardápio: uma planta chamada **Atriplex**, que é bem salgada e cresce no deserto.

Em uma competição de quem bebe água mais rápido, você com certeza perderia para o dromedário: ele consegue beber 100 litros de água em apenas 10 minutos! Apesar de não guardar água na corcunda, o dromedário consegue armazenar todo esse líquido extra no corpo em vez de tudo virar xixi.

As habilidades dos dromedários não param por aí. Eles são bem pesados e podem chegar a 600 quilos. Mas mesmo com todo esse peso, conseguem caminhar por até uma semana sem comer ou beber água! Eles também são muito fortes e podem carregar quase 300 quilos nas costas, o que seria igual a carregar quatro pessoas de uma só vez.

E diferente de muitos outros animais que vivem no Saara, ele foi domesticado há mais de 4 mil anos. Isso quer dizer que, apesar de morar no deserto e andar livremente por lá, os humanos é que tomam conta dele. Pessoas e dromedários dependem uns dos outros para sobreviver no deserto até hoje. Ao longo desses milhares de anos juntos, tiveram muitas aventuras e histórias, e vão continuar juntos enquanto o Saara existir.

No deserto de Gobi, na Ásia, existe um primo do dromedário chamado camelo-bactriano. Esta espécie não foi domesticada, ou seja, ela ainda pode ser encontrada em estado selvagem.

Coruja-águia faraó

Esta coruja de nome comprido faz parte de uma família enorme – as corujas-águias, que estão espalhadas por quase todo o mundo. Esta aqui do Saara não é das maiores, mas é uma caçadora nata!

Como muitos bichos do deserto, a faraó prefere caçar à noite. Para isso ela tem duas grandes armas: uma incrível visão noturna e ouvidos muito, mas muito sensíveis.

Mesmo na noite mais escura, esta corujinha consegue enxergar a mais de um quilômetro de distância, e, apesar de não conseguir mexer os olhos de um lado para o outro (nenhuma coruja consegue), ela pode girar a cabeça inteira quase até as costas e ficar de olho em tudo que está ao seu redor!

A menor e a maior coruja do mundo são tão diferentes em tamanho quanto uma latinha de refrigerante e um hidrante!

A audição da coruja faraó também é demais – ela sabe exatamente de que direção um som está vindo pelos minissegundos de diferença que levam para ele chegar ao ouvido direito e esquerdo. Até a cara achatada da coruja ajuda com a audição: sem nenhum obstáculo (como um nariz) no caminho, é mais fácil saber de onde o som está vindo.

Assim como a maioria das corujas, a faraó é uma caçadora silenciosa. Ela consegue voar sem fazer nenhum som, porque as penas das suas asas são especiais. Elas são maiores do que as de outras aves e possuem as bordas com um formato picotado, que abafam o barulho do bater das asas. Essa é uma grande vantagem na hora de caçar, já que a maioria dos bichos consegue escutar bem.

Essas corujas formam pares para toda vida e cuidam dos seus filhotes por muitos meses. Elas tem só 2 filhotes de cada vez, e, mesmo depois que os filhotes deixam o ninho, os pais continuam levando comida para seus pequenos.

A coruja-águia faraó fica em um mesmo território por vários anos. Ela gosta de fazer seu ninho entre rochas, ou então em fendas, falésias ou poços. Às vezes, ela aproveita até ninhos antigos de outros pássaros maiores (o que deve dar um casarão!). Quando a noite cai e fica mais fresco, ela se arruma num poleiro bem alto e fica vigiando seu território em busca de algum bichinho desavisado para pegar.

Pense em todas as pessoas que cruzaram o Saara ao longo de centenas de anos, de egípcios a mercadores nas costas dos seus dromedários. Todos eles ouviram o chamado da coruja-faraó, escondida em seu ninho ao cair da noite.

As corujas sempre fascinaram as pessoas e são símbolos para um monte de coisas diferentes. No Antigo Egito, elas eram associadas à morte. Já na Grécia, as corujas eram ligadas a Atena, deusa da sabedoria, e até hoje têm fama de bichos sabidos por causa disso.

Crocodilo do deserto

Crocodilos são bichos que passam a maior parte das suas vidas na água, então como pode ter algum no deserto? Quando o Saara foi verde, era cheio de rios e lagos em que viviam muitos crocodilos.

Conforme o Saara foi secando, os rios foram sumindo, mas em algumas áreas ainda tem água. Às vezes o ano inteiro, às vezes só em algumas épocas – e é nesses lugares que sobrevive esse bicho quase inacreditável: o crocodilo do deserto.

Como todo crocodilo, este é um réptil semiaquático, ou seja, vive um pouco na terra e um pouco na água. Aliás, crocodilos são tão bem adaptados a viver na água que seu nariz e seus olhos ficam no topo de sua cabeça. Assim, podem ficar escondidos embaixo da água, mas vigiando o que está acontecendo.

Esses répteis preferem caçar à noite e descansar durante o dia. Mas é melhor ficar longe deles mesmo quando está claro, já que estão sempre atentos a qualquer movimento. Apesar de os crocodilos parecerem paradões e tranquilos a maior parte do tempo, se precisarem atacar ou fugir, são rápidos como uma flecha.

Crocodilos passam muito tempo parados porque têm sangue frio como todos os répteis. Isso significa que eles não criam o próprio o calor, como as aves e nós, mamíferos. Répteis precisam absorver calor do ambiente, por isso adoram passar horas tomando banho de sol e vivem em lugares quentes.

Tem algumas vantagens em ter sangue frio, talvez a principal é que o bicho não precisa comer muito, já que gasta pouca energia. E para os crocodilos do deserto, isso é muito bom, porque significa que em períodos de seca, quando suas lagoas secam, eles conseguem praticamente desligar o seu corpo. Nessas épocas, eles ficam quietinhos, escondidos em cavernas ou até enterrados na lama, esperando a chuva voltar.

Enquanto é época de chuva, os crocodilos se alimentam de qualquer coisa que conseguem pegar: peixes, sapos, pássaros e pequenos mamíferos são todos bem-vindos. Até as pessoas que vivem ou atravessam o deserto têm que ter cuidado com esses répteis.

Os crocodilos do deserto vivem principalmente em **gueldas** e **tâmourts**. Tanto gueldas quanto tâmourts estão ligados às montanhas. Gueldas são piscinas que se formam no topo dos vales, perto de nascentes e rios que aparecem com as chuvas. Algumas duram o ano todo, mas muitas outras não. Tâmourts são áreas nos pés de montanhas que ficam alagadas. Eles são bem maiores do que as gueldas mas bem mais rasos, e geralmente têm mais crocodilos vivendo num tâmourt que numa guelda.

Um problema enorme para os crocodilos é que eles não conseguem mudar muito de casa. Um crocodilo no Nilo tem o rio inteiro para explorar, mas o do deserto fica preso na sua lagoinha. Mesmo assim, alguns crocodilos mais corajosos procuram outra casa de tempos em tempos em busca de parceiros ou de um lugar melhor para viver.

Muitos peixes também vivem no deserto. Eles passam meses como ovinhos enterrados na lama seca, até vir a chuva. Aí eles chocam, crescem e colocam outros ovinhos, que por sua vez vão esperar a próxima chuva para virar peixes.

Mesmo com todas essas dificuldades, os crocodilos seguem vivendo no deserto. Nós ainda sabemos muito pouco sobre eles, porque são difíceis de achar. Mas, de tempos em tempos, se descobre uma nova lagoa onde esses danados seguem vivendo e surpreendendo todos que passam por sua casa.

Jerboa

As noites do Saara são cheias de movimento. Quando finalmente fica mais fresco, bichos grandes e pequenos saem em busca de comida, incluindo um dos habitantes mais simpáticos do deserto: o pequeno jerboa.

Esse bichinho parece um minicanguru, com suas pernas enormes, bracinhos curtos e grandes olhos, mas ele não é parente dos pula-pulas australianos. Esse pequeno é um roedor, parente dos ratos, coelhos e capivaras. O mundo é cheio de roedores, cada um adaptado a viver na sua região, e o jerboa é feito para a vida no deserto.

Os jerboas tomam banho de areia! Eles rolam e se esfregam na areia para remover óleos e sujeira do pelo.

Como quase todo bicho do deserto, o jerboa come de tudo. De sementes e plantas a pequenos insetos e consegue absorver água de toda comida.

Apesar de pequeno (o jerboa pesa só 70 gramas, mais ou menos o peso de um sabonete, e tem só 10 centímetros de comprimento), ele é muito rápido: pode correr até 24 km/h, mais do que uma pessoa. Ele também pode andar mais de 10 quilômetros por dia em busca de alimento. Ser rápido e resistente é importante num lugar difícil de viver como o Saara. Nem sempre o jerboa vai achar comida perto de casa, e ele precisa aguentar andar atrás do jantar e ainda ter pique para fugir de predadores.

Agora, o que é realmente incrível nele é o seu salto! Além de correr como louco, esse pequeno roedor consegue saltar muito alto, até 1 metro de altura. É como se um humano conseguisse pular mais alto que um prédio de quatro andares! Os superpulos são perfeitos para escapar de predadores esfomeados. Essa é a arma secreta do jerboa.

o jerboa surgiu há milhões de anos em regiões de floresta, e muitos cientistas acreditam que esses superpulos foram uma evolução para esses lugares cheios de obstáculos, que acabou servindo para a vida nos espaços abertos dos desertos.

Tocas e cavernas não mudam muito de temperatura. Esse é um dos motivos pelos quais as primeiras pessoas viviam em cavernas nas regiões frias do mundo.

Quando não está procurando comida, o jerboa se esconde do calor em suas tocas, e ele pode ter muitas diferentes! A principal é uma rede de túneis conectados com uma ou duas câmaras e diversas saídas para não ser encurralado por algum predador. Dentro da toca do jerboa, a temperatura nunca muda muito, e quanto mais profunda mais ela permanece igual. A um metro da superfície, a temperatura da toca cai para 20 graus, mesmo quando faz mais de 40 graus do lado de fora.

Algumas dessas tocas são menores e temporárias, para quando o bichinho está procurando comida e precisa de um esconderijo rápido. Ele também faz tocas permanentes, diferentes para o verão e para o inverno. Um jerboa pode ter muitas casas ao longo da vida.

No auge do verão, alguns jerboas se escondem nas suas tocas e podem passar meses dormindo. Isso se chama estivação, e é parecido com o que ursos e outros bichos de lugares frios fazem durante o inverno.

Os jerboas são animais independentes e solitários, e a maioria dos adultos têm as suas próprias tocas e vão atrás de comida sozinhos. Mas isso não significa que eles nunca passem tempo juntos. Além de viverem com as mães quando são bebês, alguns dividem a toca quando faz muito frio, para se esquentarem. E os jerboas costumam construir suas casas perto da casa de outros jerboas.

Dentro do deserto enorme, esses minibichos criam suas minicidades e vivem saltitando em busca de comida nas noites do Saara.

Formiga-prateada

Existe um tipo de formiga que vive no Saara que é bem diferente de todas as que você já viu andando por aí: elas são prateadas! Esses pelos prateados não são uma decoração. Eles são triangulares e, junto com a cor prata, refletem a luz do sol para diminuir o calor do deserto.

As formigas-prateadas do Saara estão entre os insetos mais rápidos do planeta Terra. Em uma corrida entre todos os insetos, ganhariam a medalha de bronze. Perderiam só para uma espécie de ácaro dos Estados Unidos e para um besouro da Austrália. Mas no deserto elas são as grandes campeãs!

Essas formigas são super-rápidas. Se fossem do tamanho de uma pessoa, a sua velocidade seria mais de 600 km/h, mais rápido do que um trem-bala!

Elas precisam ser tão rápidas porque saem para encontrar o seu alimento ao meio-dia, bem no horário mais quente do dia. Mesmo com o seu pelo refletor, se ficarem ao sol por mais de 10 minutos, o calor pode fritar uma delas.

Mas por que elas se arriscam na hora do sol mais forte do deserto? As formiguinhas saem quando está quente demais para seus predadores. Saindo no pior calor, elas também encontram menos bichos competindo pela comida.

As formigas se alimentam principalmente de outros insetos que não aguentaram o calor. Enquanto procuram comida, elas fazem pequenas paradas em pontos sombreados, para descansar um pouco e se refrescar. Toda comida que acham é carregada rapidinho para dentro do formigueiro, onde o almoço é dividido e elas podem finalmente comer na sombra.

Na natureza, toda oportunidade de encontrar comida tem que ser aproveitada. Do mesmo jeito que a formiga sai no calor escaldante, outros bichos vivem em condições muito difíceis, mas em troca não têm quase nenhuma competição. Você consegue pensar em algum?

Para lidar com o calor, a formiga tem outra arma além do pelo. Dentro de seu corpo existem proteínas de "choque térmico" que funcionam como um protetor solar interno que a formiga prateada nunca tem que lembrar de reaplicar!

Como todas as formigas, as prateadas vivem em colônias que têm uma única rainha e várias operárias e soldados. Cada um dos três tipos tem um trabalho diferente dentro da sociedade. As operárias buscam a comida para o grupo e mantêm a casa em ordem, as soldados protegem o formigueiro e a rainha cria novas formiguinhas.

Essa enorme comunidade divide a mesma casa, o formigueiro. Os das formigas prateadas são bem profundos, como castelos escondidos embaixo da areia, cheios de túneis e câmaras, que as operárias mantêm limpos e bem cuidados.

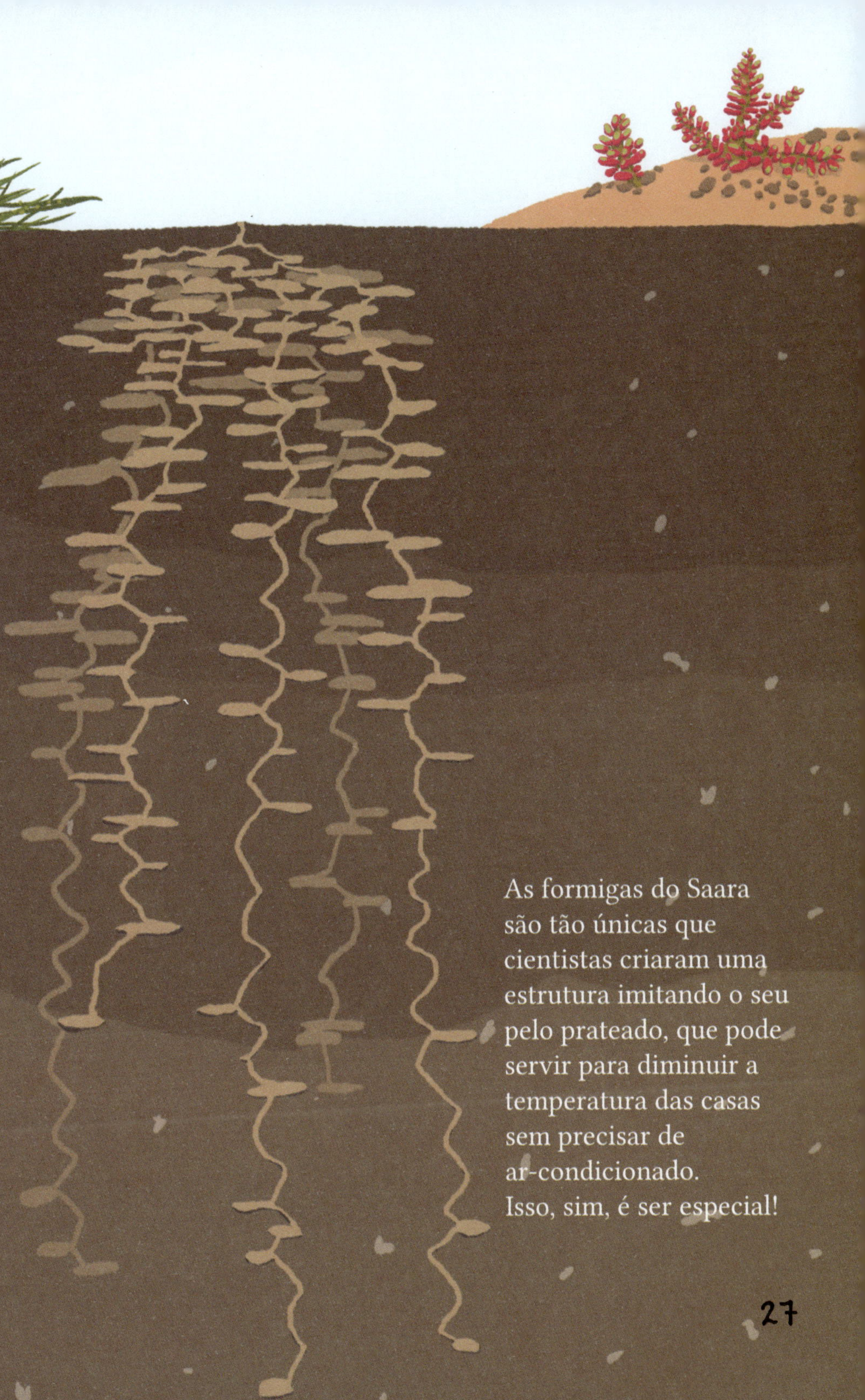

As formigas do Saara são tão únicas que cientistas criaram uma estrutura imitando o seu pelo prateado, que pode servir para diminuir a temperatura das casas sem precisar de ar-condicionado. Isso, sim, é ser especial!

Feneco

Esse bicho supersimpático aqui é o feneco, a raposa do Saara. Ele é a menor raposa do mundo, e, apesar do tamaninho, é um grande sobrevivente do deserto.

A única coisa realmente grande nesse bichinho são as orelhas! Elas ouvem tão bem que percebem o barulho de bichos que estão debaixo da areia. A outra vantagem dessas orelhonas é que elas ajudam o feneco a liberar calor para ficar mais fresquinho.

Seu pelo também é adaptado para o deserto. Ele é mais ou menos da cor da areia, o que ajuda a raposinha a ficar escondida mesmo num lugar aberto. Esse pelo também funciona como um cobertor, pois protege a raposa do calor do dia e do frio da noite.

O feneco tem pelo até na sola do pé, que protege da areia quente, como se ele usasse um sapatinho. Os pés da raposa também têm garras fortes, que ajudam a cavar para fazer tocas e para pegar aqueles bichos escondidos embaixo da areia que o feneco acha usando suas orelhonas.

Na hora de comer, os fenecos não torcem o nariz para nada. Plantas, frutas, raízes, pequenos mamíferos, aves e insetos podem entrar no menu. Como outros animais do deserto, essa raposa consegue tirar água dos alimentos que come. Porém, se encontrar um oásis, aproveita para beber até não poder mais.

Fenecos são grandes saltadores, eles conseguem pular até 1 metro para frente e usam essa habilidade para achar comida ou fugir de predadores.

O feneco também sai em busca de comida e é mais ativo à noite. Durante o calorão do dia, ele se esconde em tocas bem fundas que têm várias entradas e saídas. A profundidade ajuda a manter a toca fresquinha mesmo no pior calor, e as muitas saídas são uma proteção contra invasores.

Fenecos são muito sociáveis e adoram ficar colados com a família e os amigos. Cada toca tem mais ou menos 10 raposas, e quando elas formam um casal ficam juntas para sempre. Na hora de procurar comida, cada uma sai sozinha na grande noite do deserto, mas voltam para suas tocas protegidas e cheias de outras raposinhas.

Assim como os cachorros, as raposas marcam o seu território fazendo xixi e cocô. As raposas, os lobos e os cães são parentes e fazem parte de uma mesma família que se chama canídeos.

Avestruz

O avestruz é a maior ave de todo o mundo. Esse pescoçudo pode ter mais de 2 metros de altura e pesar 150 quilos. Com esse tamanho todo, não é nenhuma surpresa que ele não consiga voar, mas esse bicho corre pra valer.

Um avestruz bem motivado corre a 70 km/h. Mais rápido do que um carro andando na cidade, e muito, muito mais rápido do que qualquer pessoa correndo.

O avestruz é a maior ave que existe hoje em dia, mas no passado existiram outras bem maiores. A moa podia ter mais de 3 metros de altura. A ave do terror era um pouco menor, mas era carnívora e poderia lanchar qualquer humano.

Essa ave enorme vive nas margens do Saara e está bem adaptada a viver neste lugar tão difícil. Ela tem cílios longos e lindos, para proteger os olhos enormes do sol. Tem poucas penas para não esquentar demais e, de tempos em tempos, abana as asas para ficar mais fresquinha. Já o pescoço comprido ajuda não só a pegar folhas e frutos de galhos mais altos, mas também é ótimo para enxergar tudo o que está em volta.

Como quase todo bicho do deserto, o avestruz precisa de bem pouca água. Ele absorve água de tudo que come e pode passar semanas sem beber nada. E o avestruz come de tudo mesmo, principalmente plantas, mas também bichinhos como lagartos, ratos, insetos e até pedaços de plástico e outros lixos.

Na dúvida, o avestruz come o que aparecer, e na maioria das vezes não tem problema nenhum, porque ele tem um estômago muito forte para aguentar todo tipo de comida.

Como muitas aves, o avestruz engole pedrinhas para ajudar na digestão. Essas pedrinhas ficam no estômago do bicho e ajudam a triturar os alimentos duros que o avestruz engole.

O avestruz é um bicho nômade, que nunca fica muito tempo no mesmo lugar e que passa parte do ano sozinho e parte em grupo. Quando chega a época de ter filhotes, os avestruzes se juntam em bandos com uns 20 bichos. Eles fazem um ninho só e todo mundo se reveza chocando os ovos. Quando os filhotes nascem, eles também são criados em grupo, como se estivessem numa creche para avestruzinhos.

Ficar em grupo é uma boa maneira do avestruz se proteger quando tem filhotes. Ele pode ser rápido, mas se está chocando ou cuidando dos filhotes não dá para sair correndo o tempo todo. Aí os amigos em volta ajudam a proteger todo mundo. Se precisar, o avestruz briga dando chutes com as pernas poderosas. Um chute bem dado põe até um leão para correr, e suas bicadas também são fortes e machucam muito.

O avestruz é um bicho bem antigo. Existem fósseis de avestruz de mais de 20 milhões de anos atrás. Tudo indica que ele surgiu nas planícies da Ásia e só depois migrou para a África.

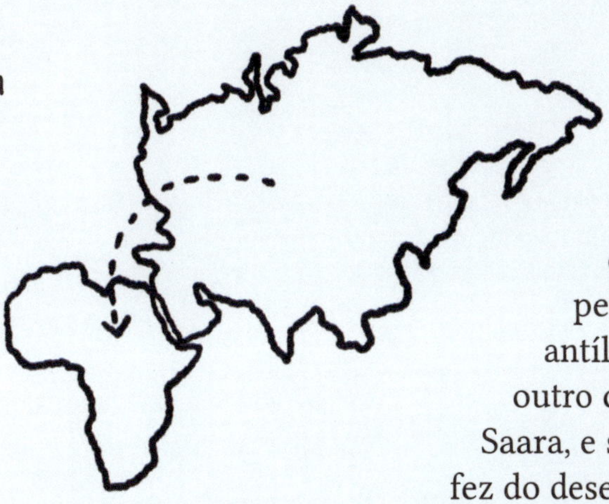

Mas como todo bicho, o avestruz prefere não entrar em brigas. Inclusive essa ave é tranquila o bastante para viver perto de outros animais, como zebras e antílopes, e até perambular de um lado para outro com eles. Apesar de não ter surgido no Saara, e ser até mais velho que ele, essa ave única fez do deserto sua casa e vive feliz viajando sob o sol de um dos lugares mais quentes do mundo.

Texto: Clarice Uba
Ilustrações: Lorota
Projeto gráfico e diagramação: Camila Bachichi e Thiago Nieri
Capa: Lorota e Camila Bachichi
Revisão de texto: Daniela Marini Iwamoto e Lívia Pupo Sibinel

Dados Internacionais de Catalogação na Publicação - CIP

U12

Uba, Clarice
Mini curiosos descobrem o Saara / Clarice Uba. Ilustrações de Lorota.
– São Paulo: Lume Livros, 2025. (Mini curiosos descobrem)
36 p.; Il.

978-65-88170-09-0

1.Deserto. 2. África. 3. Deserto do Saara. 4. Dunas do Saara. 5. Animais do Saara. 6. Literatura InfantoJuvenil. 7. Diversidade Animal. 8. Dromedário. 9. Coruja-águia faraó. 10. Crocodilo do deserto. 11. Jerboa. 12. Formiga-prateada. 13. Feneco. 14. Avestruz. I. Título. II. O Saara. III. Série. IV. Lorota, Ilustradora.

CDU 82-93 **CDD 028.5**

Catalogação elaborada por Regina Simão Paulino – CRB 6/1154

Impresso na gráfica Impress
Primeira edição, Fevereiro de 2025.

Lume Livros Editora Ltda - ME.
Rua Sabará 261, 51- Consolação
CEP 01239-011 - São Paulo - SP
contato@lumelivros.com
www.lumelivros.com